Yorner Mora

# Solo se trata de Fe

Yorner Mora

# Solo se trata de Fe

**Es un libro realizado bajo la presencia y manifestación de Dios, quien me indujo a delinear mi testimonio de Fe**

CREDO EDICIONES

**Imprint**



Cover image: www.ingimage.com

Publisher:
CREDO EDICIONES
is a trademark of
Dodo Books Indian Ocean Ltd., member of the OmniScriptum S.R.L Publishing group
str. A.Russo 15, of. 61, Chisinau-2068, Republic of Moldova Europe
Printed at: see last page
**ISBN: 978-613-5-40868-3**

# Solo se trata de fe.

Yorney Eduardo Mora
Cabudare-Venezuela.

**1 Timoteo 6:11**, “Pero tú, hombre de Dios, huye de todo eso. Procura ser religioso y justo. Vive con Fe y amor, constancia y bondad. ”.

## Contenido.

# PREFACIO.

Gracias a la maravillosa presencia de Dios Todopoderoso, quien me inspiro y me ha estimulado para como primer paso, siempre agradecerle todos los días de mi existencia en este mundo terrenal por lo que fui, soy, seré y lo que me propongo a realizar.

Como ya lo manifesté anteriormente, esta es una inspiración Divina de Dios, el cual pueda documentar mi testimonio de "Fe", por que ha sido Dios quien me empuja a delinear mi experiencia en torno a su existencia, presencia, obras, milagros, maravillas, propósitos, manifestaciones, visiones, señales, obediencia, sujeción y toda su solemne revelación Espiritual.

Es por ello que de tanto escudriñar he indagar, investigar sobre la presencia Divina de Dios, realmente puedo dar mi testimonio de "Fe" y llegar a conocer aun más sobre la tarea la cual me fue encomendada en este mundo terrenal, buscarla bajo la majestuosidad y su Bendición, espero les sea este un instrumento Poderoso, amado lector.

También sea una herramienta de inspiración para los nuevos, los comenzados y los que están al servicio de Dios, ya que es una carrera larga en obediencia al mensaje que nos guía Dios, a través de sus Sagradas Escrituras.

Solo se trata de "Fe". Querido lector me voy a lo Divino a lo Espiritual a la trasmutación del ser con el Espíritu, con el Alma, la Oración, transformados en un Plano Espiritual, para que este sea un solo efecto, para que se sumerja a lo más profundo de nuestro ser.

Seguidores y multiplicadores del Espíritu de Dios, sujetos a la obediencia de la Palabra, sujetos en otro ser en otro Yo, alineados con el Padre, el Hijo y Espíritu

Santo, que seamos uno con el y en el, empleando la “Fe” en todo momento de nuestras vidas, para llegar hacer el complemento Divino de Sabiduría.

2.

## AGRADECIMIENTOS.

Antes que todo mi agradecimiento es para Nuestro Dios Padre Todopoderoso, a mi Madre, Hermanas, Hijos, Sobrinos, en fin a toda mi familia, que siempre estuvieron allí apoyándome y dándome valor en mis momentos difíciles, angustias, momentos de dificultades y en mis proyectos, al Apóstol Mario Suarez, que con sus maravillosas palabras de sabiduría, se introdujeron como daga en mi vida, para ser un preámbulo del conocimiento Divino de Dios, la búsqueda de sus manifestaciones.

A su Esposa, Apóstol Yelitza de Suárez, mujer inalcanzable, luchadora en busca de la unión de la Iglesia como hermanos, a su familia, a Juan Guardia, su familia, varón de Dios hombre con inmenso conocimiento de la Palabra, Poderoso Guerrero de Dios, al Ministerio Internacional Camino Vida y Verdad, su congregación, el Pastor Moisés Rodríguez y su familia, Ender Serrada, Jonger Farías, Josnel Guedez, Pastora Lorena López, su presencia en mi vida ha sido para estimularme a seguir en la sujeción, en la Palabra, en la búsqueda de conocimiento, maravillosas palabras de aliento a no decaer, ni desmayar a seguir en la lucha, en la Oración.

A su Esposo, Pastor Asbay Huerta, siempre al pendiente y al corriente de la inducción al conocimiento, inyectándome mediante sus palabras, carácter, posición y valor, Pastora Jill Gil, maravillosa y encantadora amiga, que con su sabiduría y extraordinario poder a la enseñanza de la Palabra, me inducían a la búsqueda y la inquietud, su aliento, siempre alimentándome de conocimientos, siempre pendiente de mi, enseñándome cada día, como poderosa he inspiradora potencial mujer de la Palabra de Dios, José Eduardo Querales, inspirador a no desmayar a todos y cada una de aquellas personas que intercedieron de una u otra manera en mi vida para la ilustración sobre la Palabra de Dios en mi vida.

Altamente agradecidos a todos.



# Capitulo 1.

# El conocimiento de mi Vida.

**Hechos 19:18**, “Muchos de los que habían aceptado la Fe venían a confesar y exponer todo lo que antes habían hecho”.

Al pasar de los años y al pasar el transcurso de mi vida, día tras día, he ido analizando el conocimiento de mi vida en particular mi vida, nací con un propósito Divino del ser Supremo y comencé el tumultuoso transito de ella, como ver, aprender a comer, saborear, degustar, caminar, caernos y volvernos a levantar, lo que ya todo ser humano ha experimento en su vida lo que pude apreciar en la niñez la adolescencia, la pubertad, es allí donde, comencé a internalizar, teniendo algo de conocimiento de mi ser. Pero no sabiendo aun ¿Cual es nuestro propósito?, comencé a saber quien era, entendiendo mi nombre de donde provenía el mismo y mi núcleo familiar, el medio que me rodeaba lo común y lo cotidiano para todo ser en esa etapa crucial de la vida, pero me detengo acá tal vez por mi propia experiencia me atrevo a decirlo, en ese transcurrir del tiempo niño-preadolescente, no conocía aun verdaderamente el conocimiento de la vida solo lo que mis padres me inculcaron, no comas con la boca llena, no digas groserías, no corras, no salgas a la calle que es peligroso, no hagas esto o lo otro, sin una simplificación del hecho detallado.

En fin me di cuenta de muchas cosas las cuales quise aprender más de la vida como niño y no pude finiquitarlos, algo así como, cantar, tocar algún instrumento, viajar, volar, acampar en la montaña, soñar, sueños de niños que no terminamos de desarrollarlas entendiendo que lo mejor para nuestros padres y su deber era protegernos de los peligros del mundo, ha muchos nos falto conocer nuestra niñez, ¡A mi me paso!, por cualquier circunstancia de la vida dejas de ser niño para aprender hacer hombre o mujer rápidamente, nos encontramos repentinamente con muchos dogmas, credos, creencias, doctrinas, paradigmas, moda, belleza, autos, edificios, autopistas, artistas, vamos aprendiendo los conocimientos de sentimientos de tristeza, rabia, soledad, angustia, decepción, hasta de un primer estallido en preámbulo al amor, muchos vivimos la experiencia de ver la niña o niño del salón de clases que nos inquietaba, allí ya vamos entendiendo algo sobre el conocimiento de la vida comenzamos apreciar lo bonito, lo no tan bonito, comenzamos del aprendizaje universal escolar, sus asignaturas.

6.

Vamos aprendiendo sobre el conocimiento de lo “bueno y lo malo”, entendiendo ahora a nuestros padres y maestros quienes ambicionaron siempre que aprendiéramos de todo en tan poco tiempo, ¡Realmente éramos unas maquinas humanas para la época!, entre la etapa de niño-preadolescente había mucho aun por conocer y aprender para que nuestra mente verdaderamente asimilara esta rápida transformación de lo cual para nosotros en nuestro interior se encontraba aun el niño allí arrinconado, ¿Quien sabe donde, que quería existir?, en si y dentro de si porque aun faltaba mucho por aprender. Al despertarme y levantarme de la cama sentía que me encontraba soñoliento aun, cuando lograba verdaderamente despertarme del sueño, que no lo quería soltar, pero tenía la obligación de la escuela y del deber de aprender, dejaba el sueño maravilloso para el vuelo del día, ¿Qué sabe uno el sueño para el momento?, para ¿Aprender qué?, ¿Qué iba aprender en el día hoy?, Era niño y también necesitaba aprender de mi niñez, a vivir mi niñez a experimentar de lo bueno y lo malo que había en ella, he ir tropezando, en el salón de clases aun recordaba los juegos que hacia con mis amigos de la vecindad o los juegos del recreo del día anterior, vivía de sueños sin sacrificios, maldad, preocupaciones, ambiciones, vanidades, egoísmo, idolatría, para algunos una metamorfosis acelerada repentina en nuestras vidas.

Mucha información para aquellos tiempos sabiendo que para todo había tiempo, un tiempo predeterminado a?, pero aun no comprendiendo que había tiempo suficiente para ser niños, apreciar valorar el ser niños lo que cada día presenciábamos vivíamos y experimentábamos se nos abría el conocimiento de aprender a disfrutar de la vida, nuestros sueños, juegos, risas, llantos, golpes y reveses de la niñez, ¿Estábamos verdaderamente capacitados para en la época como para que en nuestro cerebro penetrara rápidamente toda esta información y la procesáramos magníficamente?, ¡A mi parecer no!, era mucha información acumulada unas con sentido común otras no tenían sentido alguno, “ojo” con esto no quiero juzgar ni señalar a nadie, para mi mis padres y maestros lo fueron todo, siempre serán mejores que yo, solo es mi apreciación personal para mi época con lo que a mi respecta, me falto algo primordial el “Conocimiento Espiritual”.



# Capitulo 2.

# Mi conocimiento Espiritual.

**Proverbios 2:5**, "Entonces penetraras en el temor de Yave y hallaras el conocimiento de Dios".

Ese conocimiento verdadero, no como una doctrina inculcada, tampoco como una imposición, debió haber sido y debe serlo una inducción una asignatura, más en estos tiempos acelerados seria como un deber y un derecho de instruirnos y educarnos en cuanto a la maravillosa y verdadera existencia de Dios, el conocimiento y significado del Dios verdadero, he de imaginarme muchos niños de hoy día con tanta tecnología y juegos de aparatos electrónicos, ¿Donde quedara la vida de estos?, si verdaderamente es un disfrute pasar el tiempo sentados frente a una pantalla de juegos de videos y otras cosas más, quien sabe tanta extravagancia de hoy día, como cuando la escuela para estos tiempos es mediante pantallas y mensajes electrónicos.

¿Qué quedara de estos niños en sus pequeñas mentes?, ¿Qué pensaran?, ¿Será en un rio, una montaña, un juego al aire libre, correr por el bosque, disfrutar del placer al aire libre?, ¡No creo!, de vez en cuando el deber de nosotros como padres seria de hacer una caminata con nuestros hijos para que conozcan sobre la naturaleza, la tierra y sus atractivos, especies de animales, dedicar tiempo para nuestros hijos no solo para el disfrute personal, atendiendo más aun la ilustración Espiritual, hoy en día los niños y jóvenes dejan de disfrutar de un buen juego didáctico, un buen libro, juegos de pelotas, papagayos, metras, correr, hacer algún deporte, un aprendizaje por juegos electrónicos, programas televisivos que no ilustran a nada bueno, temas musicales desenfrenados en su léxico, verdaderamente se esta perdiendo el rumbo el norte del ser y ¿Quien soy?, donde apreciamos más tanta violencia a nivel mundial, tanta maldad, perversidad, perdiendo los valores, éticos y morales, respeto para los padres, hermanos, maestros, adultos y ancianos, nuestra cultura, nuestra historia, nuestros antepasados, nuestros indígenas, nuestro Planeta.

Pero también se va perdiendo en si la autoestima de la persona como tal, se pierde sin darnos cuenta la conducta dentro del hogar la obediencia hasta el nivel de convivencia, entiendo la niñez y jóvenes de hoy día, con todo respeto a todos los niños del mundo, que los mismos son Ángeles de Dios, pero este tiempo viene vertiginoso y con una velocidad sorprendente y acelerada, solo por el

10.

descubrimiento del hombre es un tren incontrolable y sin frenos, ¡Ahora!, ¿Qué busca el hombre o que quiere encontrar?, ¡Si gracias a la mano del hombre lo hemos perdido todo!, debido a la maldad en su corazón.

Respeto a la ideología y la manera de pensar de cualquiera me voy a lo esencial las doctrinas, hoy día en nuestros hogares para con nuestros niños si como padres les inculcamos la obediencia mientras nos encontramos y nos mantenemos tan ocupados en el día a día lo cotidiano del trabajo, la empresa, el auto, la comida, el vestido, los gastos, los amigos, el jefe, el departamento, preocupaciones, invadidos algunos por las inquietudes, ansiedades, angustias, problemas económicos, lo que viene englobado dentro de este mundo, olvidando lo más importante, el conocimiento de la Existencia Divina de Dios, ¿Por qué, dejamos a Dios aun lado?.

**2 Corintios 7:15**,"*El ahora, al recordar la obediencia de todos y el respeto lleno de humildad con que lo recibieron, sienten mucho más cariño por ustedes*".

# Capitulo 3.

## La vida de nuestros hijos.

**Deuteronomio 29:28**, "Las cosas secretas pertenecen a Yave, nuestro Dios, pero las que nos dio a conocer nos comprometen, a nosotros y a nuestros hijos para siempre, y tenemos que poner en practica todas las disposiciones de esta Ley".

Dejamos que la vida de nuestros hijos se encarguen otros, la guardería, el maestro, la niñera, el profesor, mis padres, la escuela, desatendiendo muchas veces desafortunadamente a nuestros hijos, algunas veces con conocimiento alguno, otras lo sabemos pero no somos honestos en admitirlo, tan encadenados y atados a las vicisitudes del mundo que nos olvidamos de verlos crecer, reír, llorar, sufrir con ellos de repente los desafueros en sus pequeñas vidas al momento, una buena comunicación con nuestros hijos es lo fundamental para que ellos sientan la inmensa necesidad de ser completamente honestos y tener nuestra plena confianza para comunicarnos cualquier cosa que no le haya sido de su agrado, o como también una alegría y ser nosotros capacitados en conocimiento para celebrarlo, algo incomodo que les haya molestado, pequeños infortunios de un mal chiste de un compañero de clases, una caída, un susto, tantas cosas que nos tienen que decir, que sienten esa necesidad de hacerlo y no nos damos cuenta de ello.

Perdiéndonos de tantas cosas hermosas con nuestros hijos que verdaderamente son nuestra felicidad y sea por lo que sea pero vinieron a nuestras vidas a darnos felicidad y amor y por tantas extravagancias en la vida nos perdemos de ese trocito de nuestro ser, que nos haga reír con sus ocurrencias he inventos, por decir “debo trabajar para que a mis hijos no les falte nada, trabajar para que mis hijos tengan lo que yo no tuve”, groso error, donde en realidad nuestros hijos lo que necesitan es de sus superhéroes, papá y mamá, amor y comprensión, muchos de nosotros padres y madres, pasamos por esta penosa realidad de la vida, por todo el extractó que he comentado, muchos corrimos con la (suerte), que nuestros hijos crecieron en medio de esa batalla a pesar de estar papá y mamá pero distantes hasta el momento que ya se acostumbran a la idea de que papá y mamá solo existen porque de ellos vengo, me criaron, me formaron y a ellos me debo por un tiempo determinado, el cual pasa muy rápido para valerse de tal manera por si solos y se apartan se alejan como parte de la Ley de vida.

Unos viven de una adolescencia los cuales para muchos resulta fatal, volátil, vertiginosa, peligrosa a una velocidad de gran escala, muy pocos para aprender de ella, unos que pasaron por ese boom de la adolescencia sin muchos desafueros, sabiéndose valer por ellos mismos de los peligros y asechanzas amenazadoras del mundo para unos débiles a otros los hace fuertes, aquí me detengo para dar gracias a Dios por cada una de las madres de mis hijos mujeres luchadoras e inalcanzables, verdaderamente dignas de admirar, batalladoras, gracias por cuidar de ellos en mi ausencia, bendiciones para ellas deseándoles siempre lo mejor. Otros y me atrevo a decir un 90% de nuestros niños y adolescentes se pierden en el mundo en el limbo, ¡No!, porque no haya existido la presencia de papá y mamá para estar allí siempre a la (expectativa) de protegerlos, ayudarlos, apoyarlos, en cual infortunio de sus vidas, solo porque tristemente papá o mamá ya no están con ellos y como vía de escape para drenar ese dolor y esa soledad de la presencia de alguno de los dos toman muchas veces la determinación y el camino equivocado enfrentándose cada día al enemigo feroz y voraz de nuestros niños, adolescentes y jóvenes, como lo son los vicios dañinos destructivos, nocivos de este peligroso mundo como las drogas, licor, cigarrillo, prostitución, el sexo precoz, donde niñas y niños aprenden hacer madres o padres a tan corta edad sin contar que al transcurso del tiempo exista la presencia y el apoyo, como en muchos de los casos de su progenitor o creador.

También lo fue en mi caso, vi muchos conocidos, amigos de la infancia no sabría decirles si por la penosa perdida de alguno de sus miembros más queridos y apreciados como los padres, simplemente por carencia económica o si solamente papá y mamá no estaban para ellos en su infancia, sintieron la ausencia de alguna manera, muchos tomaron la determinación de buscar un amigo incognito, pero ¿Cual era aquel amigo?, ¿Quien era, que enseñaba o en que ilustraba a esos hijos?, ¿Buenos valores?, aquellos que se sentían inundados porque solo querían la presencia, afecto, amor, cariño, atención, el apoyo, un abrazo de papá y mamá, una caricia, un te amo y un te quiero, estas ahí.

Muchos de estos conocidos ahora ya no están en presencia física, otros he notado que viven en la penosa calamidad de la esquizofrenia en la calle, vagando, viviendo, comiendo lo que encuentren allí afuera, consumidos por los vicios del mundo, desafortunados, viviendo infortunios, otros viviendo en la cárcel por algún delito cometido, otros arrastran esta terrible penosa y cruel realidad de manera psicológica, afectándolos personal, emocional, mental y espiritualmente, mostrándose siempre a la defensiva creyéndose siempre dueños de la razón, con la excusa de que así soy yo, no encontrando paz en sus corazones hasta el punto de ir de fracaso en fracaso.

**Gálatas 5:22**, "*En cambio, el fruto del Espíritu es caridad, alegría, paz, comprensión de los demás, generosidad, bondad, fidelidad*".

# Capitulo 4.

# La representación de Dios en nuestras Vidas.

**Isaías 40:18**, "¿Con quien podrán comparar a Dios y que representación darán de el?".

¿Hemos vivido correctamente en nuestros días de niños, adolescentes, aun más como adultos?, ¿Qué nos falto?, pues una carencia afectiva y Divina bastante importante en nuestras vidas, que sin saberlo ni buscarlo, pero teniendo en cuenta que necesitamos tanto como para existir y cerrándonos a lo más importante la posibilidad del conocimiento exacto y oportuno de Dios en nuestras vidas, para nuestras vidas, para nuestro ser, ser como quiso nuestro Creador.

Me atrevo a decir con todo respeto que culturalmente en el mundo hoy en pleno siglo XXI, aun no se enseña de manera profunda y correcta de como vivir para Dios y con Dios en nuestras vidas, lo digo por que en los centros educativos aun se encuentra muy comprimida la enseñanza y si llega a mencionarlo es una cosa muy superflua a menos que se ilustre en pequeñas iglesias o congregaciones, dependiendo muchas veces del modo de la manera de su ilustración de la representación de Dios en nuestras vidas y sus manifestaciones, las definiciones de las palabras que debemos usar, su causa y su efecto para aquella persona que necesita como alimento y sustento de vida ya que este mismo sintió la necesidad de la Palabra de Dios, para un conocimiento profundo, simbólico, oportuno de Dios de Cristo Jesús, su único hijo y consumador de nuestros pecados como nuestro Poderoso Rey de Reyes.

En el transcurrir de mi vida he conocido muchas doctrinas, dogmas, credos, en fin como les había mencionado al principio de extracto, diferentes formas y diferentes maneras según la cultura de muchos países de conocer a Dios o mejor dicho de dar a conocer a Dios a la manera más conveniente su credo o doctrina, estoy sumamente seguro y doy “Fe” de ello que nuestro Creador nos busca y trata de apartarnos del limbo del mundo oscuro al cual estamos ya acostumbrados y compenetrados, ¿Con qué finalidad?. Con la finalidad de usarnos como instrumentos para el, ¿Para qué?, para sujetarnos, moldearnos, transformándonos a su imagen y semejanza pero siempre sujetos a la obediencia a sus principios sus mandamientos y tener una mentalidad transformada y renovada en Cristo para dar conocimiento exacto a quien se encuentra ignorante de la Palabra de Dios, como alimento de vida pero sabiendo que cada quien vive bajo su libre albedrio, tenemos que ser cautelosos, eso solo lo determinamos nosotros, si queremos ser transformados y transformar más personas en el Espíritu de Cristo Jesús.

Siempre sentí la necesidad de saber de la existencia de Dios, habían muchas incógnitas he interrogantes en mi vida, siempre me pregunte como puedo aprender más acerca de Dios, cada vez que trababa y buscaba la manera, se acercaba una persona a mi según con conocimientos exactos de Dios, lo cual en vez de agradarme, lo que hacia era apartarme, con sus actitudes y maneras no cónsonas de instruirme, automáticamente lo rechazaba intuía y sabia que este no tenia conocimiento alguno de Dios, mucho menos de la Palabra de Dios que solo era mero fanatismo, así lo presentía o tal vez no me sentía preparado para tener conocimiento de Dios al momento. Sentía que aquellas personas no hablaban con la suficiente sinceridad y honestidad, por sus gestos y articulaciones lo deducía, no era todo aquel que a mi se acercaba, ¡No todos!, pero si en su gran mayoría, no se si para el momento los que se acercaban a mi no me trasmitían una información y conocimiento oportuno o la información que yo necesitaba no llenaban mis expectativas, no sabían ilústrame era así a mi entender no sabían inculcarme sobre la manifestación de Dios, pero dentro de mi sentía la necesidad de algo, había una carencia, dentro de mi ser.

¿Qué buscaba yo?, ¿Qué era?, hasta que entendí que era del conocimiento exacto de la presencia de Dios en mi vida, ¿Cómo vivir con Dios y para Dios?, una ilustración más oportuna, más especifica, más profunda porque recuerdo muy bien que vivía en el mundo y este me consumía, creía en Dios el cual lo mencionaba o recordaba cuando me encontraba en alguna dificultad pero no sabia ni entendía lo sobrenatural que era vivir bajo la Presencia del Espíritu Santo, necesitaba del Espíritu Santo, requería que se manifestara en mi vida y así el descubrir que era mi ser que lo demandaba, cuando verdaderamente sentí su presencia en mi corazón refresco mi alma.

Creí en Dios siempre fue así pero hasta ahí, hasta en solo creer, más allá no, nunca lo busque, sintiendo de esa necesidad nunca me involucre mucho menos acepte la insuficiencia de su presencia del Espíritu Santo en mi vida, pero no quería aceptarlo por nada del mundo, hasta que entendí que no era porque yo quería, era porque Dios así lo exigía desde mi corazón y cuando el Espíritu Santo entro en mi corazón, lo invadió, lo apretó, lo desmenuzó, lo aplasto, lo requebrajo, para ser transformado, convertirlo, renovado, transmutarlo a una metamorfosis, para un nuevo ser una nueva criatura en Cristo Jesús, ¡Ahí pude entenderlo!.

Debía entender que era de Dios quien realizaría su propósito en mi vida, no era cuando yo quisiera era cuando el lo tenia previsto para mi, así lo pensara mil veces y trataba de desviarme de la idea, trataba de olvidarla, pero no, ahí estaba Dios, en el proceso para el propósito, era como la necesidad así misma de alimentarme, el de respirar, sabia que mi alma seria renovada, ahí estaba el sustento el alimento, el refrigerio, busque indague, averigüé, conociendo otras creencias, las cuales no vale la pena mencionarlas, porque quienes tienen conocimientos de la Palabra saben muy bien a lo que me refiero y trato de decirles y explicarles, pero no me quede allí, no encontré nada que me innovara o motivara.

**Isaías 60:19,** "*Ya no tendrás necesidad del sol para que alumbre tu día, ni de la luna para noche. Porque Yave será tu luz eterna, y tu Dios, tu esplendor*".

# Capitulo 5.

## La necesidad de conocer a Jesús.

**Mateo 13:11**, “Jesús les respondió: A ustedes se les ha concedido conocer los misterios del Reino de los Cielos, pero a ellos, no”.

Sabia que si no conocía de Cristo, en mi corazón seguiría esa carestía, también sabia que no estaba completamente lleno de vida, que no era completamente feliz, que seguiría viviendo así por el resto de mi vida, como un naufrago en una isla perdida, como si ya no había sido suficiente haberlo vivido por tantos años, desde que tenia conciencia de quien era y que quería para mi vida era muy joven, casi un niño recuerdo con exactitud nunca se me olvidara que en ese periodo de adolescencia pedí a Dios entrar a una institución para mi educación le pregunte, ¿Si esta idea era buena para mi vida?, el mismo en mis sueños me mostro dos caminos. Indicándome el camino bueno que debía escoger para el momento de lo que había pedido, pero este camino había que labrarlo, trabajarlo duro, debía esforzarme, y también me mostro el camino incorrecto mostrándome allí mismo lo fácil.

De igual manera mostrándome también lo terrible que de mi seria más adelante si elegía el camino equivocado, ¿Cual de los dos caminos escogía?, era mi decisión, mi libre albedrio, no se, si por intuición o mi por mi "Fe", pero quería lograr mi objetivo a como diera lugar, no sabia definirlo para el momento, no conocía, pero decidí el camino forzado, seguro y me apoye en lo que Dios me había revelado y direccionado, no fue fácil, cuando me encontraba en el proceso para lo que me había revelado Dios, no fui admitido, no llegue donde quería llegar y eso me invadió en tristeza, llanto, desesperanza, frustración, tantas cosas pasaron por mi mente que ha tan corta edad, me dije "seré un fracasado" en la vida.

A tan corta edad ya declaraba que seria un fracasado pero era lógico tampoco entendía que era parte del proceso que había que comenzar con esfuerzo, paciencia y dedicación, empeño, tenacidad, eso me lo había revelado Dios, pero como no tenia conocimiento alguno en ese momento, no renegué de Dios, tampoco sabia que era una prueba de "Fe", me esforcé y me dedique, seguía pidiendo a Dios sin saber como Orar, ni como pedirle en si, se que me escucho y a los días fui admitido a la Institución donde quería llegar, que alegría para mi vida en aquellos días, logre mi objetivo, estando allí debí haber obtenido un preámbulo del conocimiento de Dios, que para lograr mis objetivos tenia que tener presente siempre a Dios en mi corazón en mi vida.

Pero no fue así, estando ya donde me encontraba y donde quería estar me olvide de la presencia de Dios, me olvide que fue por Dios que fui admitido donde quería, aparatándome de el, lo usual en algunos de nosotros los seres humanos, pedimos a Dios y cuando Dios obra en nosotros para bien hace el propósito nos olvidamos, tan simple como si nada, ni siquiera di las gracias a Dios y al transcurso del tiempo me sentía magnánimo, fuerte, para mis adentros era poderoso según yo me sentía con poder, ¡Según mi ignorancia!, fui arrogante con todo y todos.

Lo más cumbre de todo y seria un hipócrita de mi parte al no mencionarlo, renegué de Dios tantas veces y tan miserablemente, tan desleal, tan patético y humillante para con el. Se que Dios no se extraño con esto de mi parte ya el sabia con que le saldría yo, el sabia que me iba a olvidar de la lealtad hacia el Supremo y al transcurrir del tiempo supe ya cuando era muy tarde y había tocado fondo, lo más hondo del fondo de un hueco oscuro y sin salida, que Dios me había dado una severa lección porque nunca fui obediente a su Palabra y lo había humillado.

**1 Samuel 15:23,** "*La rebelión es un pecado tan grave como la brujería, la desobediencia es un crimen tan grave como la idolatría, ¡Ya que rechazaste la palabra de Yave te echa de la realeza!*.

# Capitulo 6.

## Las consecuencias de la desobediencia.

**Hebreos 2:2**, "Miren cuan inflexible era la Ley entregada por los ángeles, pues toda falta o desobediencia recibirá su castigo".

Amados lectores, no es esto una paradoja de mi vida ni mucho menos una fábula, se ahora porque dejo entre estas líneas mi experiencia, pero se que Dios me indujo me usa como su instrumento a plasmarlo entre líneas y tenia tiempo que esta idea divagaba en mi mente para procesarla, me inquietaba era incontrolable desistir de ella por más que quería, era una inquietud a toda hora y en todo momento.

Hasta que por fin llego el día de plasmarlo de hacer del conocimiento del ¿Por qué? había cometido tan groso error de humillar a Dios de manera deshonesta, pasaron muchos años y más sin embargo seguía soberbio y tras la soberbia vinieron los errores, tras los errores, los fracasos, tras los fracasos, las angustias, la ira, la rabia, la intriga, la maldad en mi corazón, me inundaba mucha maldad, el repudio a todo y todos, tenia altivez a causa de lo que había hecho, había también desafiado a Dios a causa de esto sobrevino a mi una vida de oscuridad, amargura, violencia, desengaños, desilusiones.

Hice mucho mal hice sufrir y herí a quienes me quisieron a quienes quisieron estar a mi lado, a quienes me amaban pero no lo veía así, había una furia incontenible en mi ser por mis fracasos, a causa de mis actos por haberlo perdido todo, después de haberme sentido yo magnánimo y autosuficiente, lo cumbre los señalaba como los autores de mi derrota, fracasos de mis transgresiones, les ofendía porque les decía, que gracias a ellos había sobrevenido tanta desdicha a mi vida, logrando con estos ahuyentarlos y apartarlos de mi vida para siempre, no aceptando, que todo había sido únicamente mi culpa, mi error.

Tanto fue así, que quede completamente solo, sin familia, sin trabajo, sin amigos, nada según de lo que yo había logrado alcanzar en la vida, egoísta, idolatra, hipócrita, amor a lo material, más que amor a todo y era mentira nada era mío todo fue obra de Dios fue Dios quien me lo dio todo, pero por comportarme de manera tan despiadada y desobediente por así decirlo, me lo quito todo, por haberlo desafiado, había desafiado al Dios Todopoderoso y me demostró que no hay más nadie ni en la tierra, ni en universo tan poderoso como el.

Que en un santiamén y en un abrir y cerrar de ojos, Dios puede convertir tu vida en añicos, por desobediente, por ególatra, mentiroso, adultero, me había convertido en una Sodoma y Gomorra. Pero aun así con todo lo que Dios me había demostrado nada cambiaba mi mal carácter, mi orgullo, mi soberbia, seguía soberbio y más aun ególatra, infeliz, sin paz en mi corazón, nada me hacia cambiar, pensaba que yo por mi propia voluntad, volvería a tener todo lo que había perdido, pero no era así y no quería darme cuenta, que era por la voluntad de Dios y si acaso esta era merecida tenerla otra vez.

Aun en los desafueros va y benes de la vida, entre fracaso y fracasos, enfrentamientos, violencia, seguía haciendo maldad, trataba de buscar en religiones paganas el ¿Por qué? de todo, por favor hipócrita deshonesto, sabiendo para mis adentros y con sumo conocimiento cual era la verdadera realidad de la historia, una historia de mi vida arruinada, creada únicamente por mi, pero según yo, culpaba a otros de mis fracasos, no era una persona lógica, mucho menos una persona digna, honesta, cada día que pasaba, cada día era peor, como hombre, como persona y como ser humano.

Nada de estas religiones paganas me mostraban salida alguna, más bien me llevaban un peldaño más a lo profundo del foso, alejándome de la Luz Divina que divisaba al fondo pero no encontraba como llegar a ella, ¡Sabia como!, pero no lo hacia por ególatra y lo peor aun no lo reconocía, amados lectores para resumir en pocas palabras perdí el foco aquel que me mostraba el rayito de luz y caí en tinieblas, ahí si era verídico, lo había perdido todo. Encontrándome en el fondo de la desesperanza fui atacado en Mente y Espíritu, por las sombras oscuras de las tinieblas.

Doy gracias a Dios que intercedió por mí y dio la orden a la potestad demoniaca, que no lo vi, ni conocí por completo, y tampoco me interesa conocerlo, de que me mostrara por medio de sus sombras oscuras algo del tormento, pero lo poco que vi y viví, me basto para entender, saber y comprender, por mi propia experiencia, que así como hay un Dios verdadero, así también hay un potestad en las tinieblas, que atormenta, impacienta, porque solo encajaba en mi mente a Dios doy gracias por darles solo un tiempo determinado al de sombras oscuras, para darme una severa lección.

**Job 4:3.** "*¡Dichoso el hombre a quien Dios corrige!, No desprecies, pues, la lección del Omnipotente*".

# Capitulo 7.

## Tal aprendizaje me dio Dios.

**Proverbios 4:1** "Hijos míos, escuchen la enseñanza de un padre, estén atentos para conocer la verdad".

Tal aprendizaje me dio Dios que no pude más y doble rodillas ante el, no una vez, ni dos veces, innumerables ocasiones me humille a Dios, por muchas noches, muchos momentos difíciles, donde me encontraba hundido, en fracaso, tormento, desesperación, angustia, tristeza, soledad, desilusión, pero me seguiré humillando ante el Dios Verdadero porque sigue la batalla la lucha, continuo en el proceso, aun estoy en el proceso, no ha sido fácil salir del mundo en el que me encontraba, lógico estaba atado, anclado en ese mundo que buscar otra salida me parecía imposible.

Imagínense hasta donde llega uno por la desobediencia, hasta que esta situación incontrolable me hizo doblar rodillas ante Dios. Cosa esta jamás hice en mi vida para nadie, por que tal era mi soberbia y arrogancia que me decía para mis adentros y me consumía en mi ser, a nadie me le arrodillo, pero tal semejante lección fue que no había de otra, ahí estaba la salida, era mi libre albedrio, que mi egocentrismo, mi soberbia, mi maldad, mi orgullo, no me ayudaron en nada, no era nadie, no soy nadie, vivo, respiro, soplo, camino, veo, tengo mis extremidades, discernimiento, nada más y nada menos por un Dios Todopoderoso que mora en mi.

Que gracias a el, me alimenta y me sustenta, que entendí que el hombre no vive de extravagancias, sino del sustento y alimento de Palabra Divina de Dios, de la dirección de Dios en obediencia. Amados lectores, Dios se nos manifiesta de diferentes maneras, el nos busca para que nos humillemos a sus pies, nos arrodillemos solo ante el, nos envía Ángeles en personas que nos revelan el gran Poder de Dios, más aun cuando estamos en manos del opresor de la oscuridad, como dije solo por ordenes de Dios este opera, para un tiempo determinado.

Y este tiempo determinado esta en nosotros, es nuestro libre albedrio, esta en nuestras manos, es solo nuestra determinación, seguir la dirección correcta o vivir ese infierno en el cual nos sumergimos y es cuando caemos en cuenta que solo doblando rodillas ante su presencia y clamamos a el inconsolablemente, el nos escucha y es Dios tan piadoso y tan bondadoso que después de haber actuado tan despreciablemente y haber sido tan miserable, el se apiado de mi como todo padre, cuando un hijo muestra desobediencia y trae de nuevo a casa.

**ISAÍAS 32:4,** "*Los indisciplinados trataran de aprender y los tartamudos hablaran correctamente*".

# Capitulo 8.

# Como me levanto Dios.

**Éxodo 23:21** "Anda derecho en su presencia y hazle caso; no le seas rebelde, sepas que no perdonara tus faltas, pues en el esta mi nombre".

¿Como me levanto el Señor y me saco del foso?, mostrándome sus hijos varones de Dios, quienes se acercaron a mi con mucha sutileza y me hablaron de su magnifica existencia, mostrándome que solo el es el magnánimo, haciéndome del conocimiento de la Palabra, a estos hermanos varones de Dios les estaré siempre agradecido, al igual que la Iglesia donde asisto, Apóstoles, Pastores, Maestros, Evangelistas, Profetas, hermanos que siempre estuvieron al corriente de mi, porque sabían que necesitaba del sustento de la Palabra de la presencia Divina de Dios Todopoderoso y de su hijo amado Cristo Jesús

Estos hombres de Dios por medio del Espíritu Santo, quien les dio del conocimiento de que me encontraba en aprietos, en penumbras, en dificultades, espirituales, que me encontraba bajo la potestad oscura, que solo buscando a Dios y humillándome ante el aceptando a Cristo su hijo como nuestro único salvador de corazón y con honestidad, podía ver la Luz Divina que divisaba a lo lejos, podría comenzar una vida, podría ser una nueva criatura.

Volvería hacer un hipócrita si les dijera, que cuando me congregue a la iglesia, cambio mi vida en un instante y por arte de magia, ¡No!, no fue así, fue un proceso, un proceso riguroso, porque cuando busque de Cristo en la congregación de la Iglesia, allí también estaba y allí también operaba el opresor de la oscuridad, enviado a sus oscuras sombras del mal, sus bestias demoniacas, para que me atormentaran y me desviaran del camino a la salvación y me decían (no es así, eres un tonto, fracasado, que van a decir tus amigos, ahora si, este es evangélico, eso no sirve de nada, tira la Biblia, no escuches eso o aquello, no vayas no te congregues, no asistas a esa Iglesia, eres un bueno para nada, nunca saldrás del fracaso, ese Pastor es un mentiroso).

Era un tormento más profundo, pero ya no en el foso de las penumbras, sino era una Batalla de Mente y Espíritu en otro plano. Estaba en mí, tenia el libre albedrio, el que me otorgo Dios, si me dejaba vencer en la Batalla y caí al mundo oscuro de nuevo, a manos de la potestad de las tinieblas o vencía más que todo ese temor de conocer a Dios de estar en las manos de Dios, temiéndole al Dios Verdadero con obediencia y sujeción.

Porque amados lectores sin tapujos les cuento que me apenaba decir que asistía a una Iglesia Cristiana, por temor a burlas y señalamientos y cuestionamientos, me decía yo voy a perder mis amigos y hasta perder a la persona que creía para el momento estaba a mi lado, tenia miedo, me inundaba el temor, otra por haber sido grotesco, ignorante, arrogante el mayor tiempo de mi vida, pensaba que perdería autoridad ante las personas, ante el mundo.

Aun me invadía la intriga del que dirán, cuando los veía reunidos me daba la impresión que hablaban de mi, estaba en mi mente, también fue algo frustrante haber pasado por esa etapa que me consumía en angustia, pero era parte del proceso, no lo entendía así y según yo para no perder los amigos me reunía con ellos en el mundo perdiendo las bendiciones que Dios me había otorgado en tanto tiempo y con tanto sacrificio que me había costado y en unas pocas horas lo volvía a perder todo, que desdicha era volver a comenzar de nuevo por desobediente.

Realmente vive en nosotros esa manera tan inusual y tan patética de tratarnos con tropiezos una y otra vez con la misma piedra, cuando tenemos la respuesta en nuestras narices, sin tener la gallardía suficiente de apartar esa piedra del camino, la misma que nos aparta del propósito de Dios. Ahora me pregunto, ¿Si de verdad tenia amigos?, esos amigos debieron alegrarse de mis logros, no de mis infortunios, en fin, tampoco sabían de lo que atravesaba en mi vida, fui muy discreto a nadie demostraba que pasaba dentro de mi para no dar a demostrar que era un fracasado.

Era parte del proceso que viví y experimente solo en una dimensión de cuatro paredes dándome ánimos a no desmayar, que así como entre en el error, así mismo debía salir del el, no acusándome, ni auto destruyéndome, mucho menos demostrándome compasión alguno, solo siendo lo suficientemente cabal, determinado a salir del infortunio mostrando carácter y dominio propio, porque tendemos caer en la autocompasión y esto es destructible a nuestras vidas, luchando día tras día con la mente, aquella que nos puede ayudar y también nos puede destruir, si no sabemos como controlarla.

Dejando de ser un cobarde debo mostrarme al mundo como quiere Dios que sea, sin dar explicaciones a quienes no la merecen, ¿Era mi vida o la de ellos?, no me importan las calumnias, no me importan los señalamientos, las acusaciones o los cuestionamientos vánales, en fin era parte del proceso, allí me mostraba mi carácter, este carácter que forja en mi determinación a lo que quiero a lo que deseo y que deseaba más en mi vida en mi corazón, mente, paz y tranquilidad, de que valen los cuestionamientos y señalamientos inútiles.

Si bajaba la guardia volvería a perder lo que había logrado en tanto tiempo, tanto trabajo y esfuerzo, ese es el fin del operador de la oscuridad que sintiera compasión por mi, por los cuestionamientos del mundo, para atacarme por la espalda como tan vil y vulgar cobarde valiéndose de sus artimañas, para confundirme, distraerme, enviando cualquier inquietud a mi vida, estaba en mi si luchaba o si dejaba que este ser inmundo siguiera operando y dirigiendo mi vida, mi mente, mi alma, tengo el poder, tengo la gloria de no dejarlo entrar, de cerrarle las puertas a la oscuridad para que no surjan más infortunios a mi vida.

Amigos muy rara vez alguien se alegra o se contenta de tus éxitos, si te ven cambiado o realizado, te señalan, te cuestionan o simplemente te envidian, ponlos en oración y en manos de Dios para que se les habrá el entendimiento y te pregunten acerca del avivamiento de Dios, doy gracias a Dios por las personas que durante este proceso de mi vida se apartaron, la verdad no hacían nada y para no hacer nada, si no estorbar, es mejor que se vayan, hacen más fuera de mi vida que dentro de ella, estorbaban en mi proceso, en mi transformación Espiritual, solo mi madre y mis hermanas mi familia, entendieron la necesidad que había en mi de conocer a Cristo, Dios bendiga a mi familia, mi apoyo.

Pero no fue fácil comprenderlo amigos, no fue fácil entenderlo, asimilar, tampoco fue difícil, apartarse del mundo de la noche a la mañana, volvería hacer un hipócrita si se les dijera eso, solo con determinación, carácter, respeto hacia mi mismo, mi empuje, mi empeño, mi dedicación y ganas de salir adelante, me daban fuerzas para apartarme de lo que no me nutre y me hace daño, de lo que no me sustenta, de lo que poco a poco me consume, la verdad me costo, solo con valor y virtud, lo pude ir logrando, cuando vamos conociendo de Cristo, según mi perspectiva no se para aquellos los que ya conocen y tienen conocimiento de la Palabra pero para mi, los primeros días fueron como enfrentar al mundo a la vida de otra óptica y dimensión desde otra representación Espiritual.

El que debía afrontar con personas conocidas o desconocidas, era como si supieran dentro de si, este tiene conocimiento de la Palabra, vamos encararlo, lo detesto, me cae mal, buscaban la confrontación de la carne, se te acercan personas solo con la finalidad de confrontación, todavía yo no lo entendía amigos, que no era solo de carne la contienda y no lo es, la batalla es con el Espíritu y que mi contienda no debería ser con la carne, una vez que acepte a Cristo en mi corazón este me da la potestad de traspasar la frontera del mundo y me trasmuta al conocimiento del Plano Espiritual del Dios Magnifico, no hay cosa más explicita que no sea bajo el camino de la sabiduría, La Palabra, la obediencia, el ayuno y la capacidad de entender que solo necesitamos de Dios.

Dios nos hace un guerrero con las mejores herramientas y armas de guerra y de Batalla Espiritual con conocimientos inimaginables, donde logra apartarte de contiendas absurdas, para no desgastar nuestro Espíritu en contiendas ilógicas fuera de contextos, no es fácil tener ese conocimiento próximo de la noche a la mañana, es una lucha de Espíritu y Carne que solo manteniendo una sola mente, corazón con el Espíritu, seriamos victoriosos, la mente de Cristo, la mente en Cristo Jesús, pensar como pensó Cristo, hablar como hablo Cristo, usar del conocimiento como así mismo lo hizo Cristo.

**MATEO 12:25** "*Jesús sabia lo que estaban pensando, y les dijo: "Todo reino que se divide, corre a la ruina; no hay ciudad o familia que pueda durar con luchas internas*".

# Capitulo 9.

# El poco conocimiento de la Palabra.

**Salmo 119:73** "Tus me han hecho y organizado, dame inteligencia para aprender tus mandatos".

Amigos les manifiesto que solo tengo poco tiempo en el conocimiento de la Palabra, pero muy poco tiempo que vengo conociendo de las obras maravillosas Dios Todopoderoso, pero en este poco tiempo sentía la necesidad y el hambre de la Palabra y del Conocimiento de la Sabiduría, como dije en líneas atrás, siempre sentía la necesidad de Dios, muchas veces me pregunte ¿Por qué no busque de Dios antes?, me hubiera ahorrado tanto sufrimiento, tanto hacer sufrir, tanta calamidades, errores, e infelicidades para los que estaban conmigo, tantos pecados, pero mi guía Espiritual me dijo, "El tiempo de Dios es perfecto".

No te culpes, no entendí que Dios tiene su oportuno momento, "El tiempo de Dios es perfecto", solo el sabe el ¿Por qué? de las cosas y más allá al conocimiento de Dios y su ¿Por qué?, no podemos llegar. Amigos lectores que Dios me perdono todos mi pecados, solo el lo sabe y le pido de todo corazón que no solo el, si no también a todos aquellos que les hice tanto daño me perdonen, no puedo explicarles ahora que fue por mi ignorancia, no lo entenderán, hoy con el conocimiento de Dios le manifiesto a el sabiendo que el lo sabe mejor que yo, todos y cada uno de mis pecados cometidos, de los que me acuerdo y de los que no me acuerdo también y sigo pidiendo que me libere y limpie mi corazón.

No hay nada más honesto que manifestarle a Dios Todopoderoso a Cristo-Jesús, todos los pecados cometidos en nuestras vidas, para aquellos que aun se inician en la búsqueda de la Palabra del conocimiento de Dios y Cristo Jesús, ante todo arrepiéntase de todos sus pecados manifiéstenlo a Dios por muy pecaminoso que sea, hay que manifestárselo a Dios, ¿Para que tener pecados guardados en el corazón?, si el más que nadie los sabe todos y cada uno de ellos, pero el mismo nos observa y nos da libre albedrio, a fin de ver si estamos siendo completamente sinceros y honestos para con Dios y para con nosotros mismos.

Para todos nosotros lo mejor es sacar toda la inmundicia del corazón, vaciarlo, como una vasija y llenarlo de nuevo con conocimientos, sabiduría, entendimiento, inteligencia, invadiéndolo de Buenas Nuevas. Nada ganamos, ni ahorramos, con sentir vergüenza ante Dios, para no poder manifestarle a el todo aquello que tenemos guardado aun el corazón, en la mente, si es así no veremos las obras, ni el propósito de Dios, Nuestro Señor.

Lo que Dios quiere es que seamos sinceros con nosotros mismos y no nos hagamos más daño en el alma, debe haber sinceridad e integridad en nosotros, que tengamos conciencia que debemos ser rectos y justos, no se llenara nuestro corazón cuando todavía hay porquería en el, no seamos hipócritas, ahí no obra el Espíritu Santo, no estamos hablando con sinceridad a Dios, no estamos declarando todo lo inmundo que lleva nuestro corazón, por eso Nuestro Cristo Jesús, dijo acéptenme como su único y gran salvador, pero háganlo de corazón.

Es nuestro corazón que esta guardado la inmundicia del mundo y hay que vaciarlo, aceptar ser una nueva persona en Cristo Jesús, una vida renovada, con una mente amplia, suficientemente reforzada en conocimiento para aceptar el Espíritu de Dios que opere y haga su obra Divina en nosotros, mente y corazón, también deben estar alineado lo que hay en mi mente le afecta a mi corazón, son órganos distantes y tan unidos a la vez que lo que nuestro corazón sienta, nuestra mente lo procesa rápidamente, este procesa tanto lo bueno como lo malo y mejor es dejar nuestra mente en la Palabra de Dios.

Se que no es fácil amados, tampoco seria difícil, yo lo he vivido y lo estoy viviendo y muchos Maestros entendidos de la Palabra, saben muy bien las barreras mentales que surgen y se procesan en nuestra mente, si y solo si, lo aceptamos, es una lucha mental cuando nos encontramos en el proceso, en el cambio para nuestras vidas, en la transformación, es allí donde sacamos nuestro Espíritu de Lucha, de Guerra y Batalla, para que no nos agredan los malos pensamientos, pensamientos perturbadores que nuestra mente maquina a fin de aislarnos del proceso y del propósito.

La mente debe ser controlada y esta debe estar a su vez alineada con el Espíritu, es más nuestro ser en el proceso de transformación debería sujetarse al Espíritu más presencia de Espíritu, una vez invadido en nuestro cuerpo nutre automáticamente nuestra mente y corazón, corazón o mente, que sea un triangulo de estimulo para nuestra transformación y mutación en un nuevo ser, en una nueva persona, ya no siendo personas terrenales, si no Espirituales y ¿Como opera el Espíritu?, en la mente, en el poder de sus pensamientos, los cuales también sobrevenido y alineado con el corazón, mente y corazón, coadyuvan a nuestro Espíritu a fortalecerse.

Queridos amigos en mi largo transitar de la vida, como les había escrito en otras líneas, he buscado del conocimiento de la Palabra de Dios y mientras no conocía nada sobre la Palabra me daba cuenta, que muchas personas que manifestaban saber de ella pero por su parecer y proceder, me hacían ver que no sabían nada, mentían y los juzgaba, pues estaba equivocado, no soy quien para juzgar a nadie y eso aparte de todo vivía en mi.

**Salmo 111:** "*Dio el alimento aquellos que le temen, se acuerda para siempre de su alianza*".

# Capitulo 10.

# La justicia divina de Dios.

**Salmos 85:10,** "La gracia y la verdad se han encontrado, la justicia y la paz se han abrazado".

También formaba parte de mi, me encantaba juzgar, señalar y cuestionar a las personas, ofenderlas con mis palabras, ¿Quien soy para Juzgar?, ¿Quien eres tu?, nadie Juzga, si no el Dios Verdadero, no me quiero justificar, pero era una persona muy ignorante. Por eso, aquella persona que usa a Dios y la Palabra, tal vez para un beneficio propio debe saber muy bien y entender que en algún momento darán cuenta a Dios, tarde o temprano, que es el único Juez Divino, quiero también manifestarles lo que hacemos en la tierra aquí en la tierra adeudamos, nuestros pecados, tarde o temprano damos cuenta de ello.

Se que existe la justicia Divina de Dios y hay que temerle de verdad, así que debemos arrepentirnos de corazón muy pronto de nuestros actos porque los tiempos de dar cuentas a Dios están acercándose, se que muchos dirán, ¡Jesús murió en la Cruz del Calvario por mis pecados!, Eso lo sabemos, pero de cierto les digo que se acercan aceleradamente los tiempos de fin del mundo, proclamemos la Buenas Nuevas de corazón, sinceros y honestos, sin mentiras es Dios quien nos mira y nos determina.

Debemos ser tan cautelosos, tan meticulosos y tan objetivos en nuestros actos y proceder para declarar la Palabra de Dios y a quienes la vamos a enunciar tener mucho tacto, saber instruir la manera como dar el conocimiento aquellas personas que están falta de la Palabra y entendimiento que están dentro de la ignorancia y la arrogancia, Orar a Dios para que la Palabra penetre como una lanza que traspasa su corazón, saber ganarnos a esas personas para la Honra y la Gracia de Dios.

Por supuesto no guardándonos el conocimiento y aprendizaje, expresándoles nuestro testimonio de "Fe", seria vanidad no hacer del conocimiento de allí verán la transformación, de ahí esas personas se motivaran, juguemos sabiamente con el libre albedrio de ellos, entendamos que están en un cuadro del brinco aquí o allá, así esta el mundo en búsqueda de algo, en búsqueda de "Fe" de verdad, que en sus vidas sientan "Fe" y esperanza, pese a las adversidades, pese a lo profano de las potestades oscuras.

Como también hay muchas personas obtusas creyendo que como son, son únicos, yo pienso así, yo soy así, nunca cambiare mi manera de pensar o de ser. Oremos por ellos, para que abran los ojos al entendimiento de la Palabra Divina que hay un camino un Dios que existe en nuestros corazones, su hijo amado el cual sacrifico para nosotros el pago de los pecados en la Cruz del Calvario que no sea en vano, pero debemos ser tan sutiles como fueron nuestras madres cuando nos sustentaban alimentándonos de pequeños con su pecho.

Tan sutiles como si fuera para el conocimiento un novio, una novia, un esposo o esposa, los hijos, tan humildes y mansos para la Honra y Gracia del Señor, que nuestra única victoria sea el de alcanzar almas para la casa de Cristo, para la gloria de Dios.

Recordemos, que estas personas se encuentran en el mundo y la Palabra de Dios a muchos de ellos, puede que les cause un efecto de incomodidad, no sabemos con quien nos enfrentamos, mucho más ahora en estos tiempos, muy pocos saben que se acerca del Juicio y que acerca apresuradamente, aun así, ni nosotros mismos lo sabemos, solo debemos estar preparados con las armaduras de Cristo, escudo y adargas, serán tiempos de Guerra Espiritual, nuestra mejor arma de contienda es la Palabra, el Libro del Conocimiento de Dios, "La Biblia".

Demostremos con astucia, que aquí es donde hay carácter, la valentía, el Poder, la Gloria y la Honra, para lo cual fuimos procesados. Amigos, con estas líneas que expreso, no quiero decirles que soy más justo que cualquiera de nosotros, solo me dejo llevar por la presencia del Espíritu Santo que mora en mi, para escribir este contenido, tampoco con esto quiero decirles que tengo el mejor y mayor de los conocimientos o que conozco más que cualquier Maestro de la Palabra y del contenido de las Sagradas Escrituras, dejo estas líneas con el poco y humilde entendimiento que tengo, gracias a la Presencia de Dios de Cristo Jesús, confiado en "Fe" que llegara a los corazones de muchos lectores.

Y muchos más a aquellos entendidos con más conocimiento que yo, les pido, no me Juzguen por la sinceridad y honestidad de mis palabras, más bien bienvenidos sean a mi aquellos entendidos Maestros que tienen Sabiduría y el Conocimiento amplio de la Palabra para que me instruyan, no trato de que Dios perdone mis pecados por estas líneas, no, solo soy un pecador, más o tal vez menos que cualquiera, pero no me quiero justificar, acepte a Cristo en mi corazón y lo acepte como mi único y verdadero salvador pero con esto no estoy exento de saldar mis deudas.

Creo en lo que es justo y la justicia Divina de Dios, es un Dios de Justicia y rectitud, para aquellos que buscamos su conocimiento y la bendición del Dios Todopoderoso, ante todo como ya lo había expresado y no seria malo recordarlo, es solo vaciar toda inmundicia, codicia, avaricia, actos pecaminosos, envidia, egolatría, egocentrismo, egoísmo, malos pensamientos de nuestro corazón, siendo honestos, para que aceptemos la Divina presencia del Espíritu Santo, pero un corazón limpio y sano.

No llegara la obra en nuestros corazones inmundos, hay que vaciarlos amigos, de verdad, con compromiso, con determinación y valor, con humildad, con lealtad, con criterio propio, con carácter, pidiendo Sabiduría y Conocimiento a Dios Todopoderoso, para no desvirtuarnos de su presencia, mucho menos de su propósito, dejando al mundo lo que es del mundo y entregándonos a Cristo de corazón, con valentía y gallardía, habrán momentos de rebeldía, pero ojo, no nos revelemos ante Dios, ni ante nuestros guías Espirituales.

Esos momentos de procesos duros, de desesperanza, de agobio, de angustias, de desesperos, aprietos, queridos hermanos, déjenme decirles, que solamente es con el firme propósito, de hacernos rectos y justos de corazón, humildes y mansos, honestos, solo siguiendo la obediencia, conoceremos de que estamos hechos y si estamos preparados para recibir la Bendición Divina del Padre Todopoderoso, ante todo, la obra, el propósito, el milagro, la sabiduría, la inteligencia y la humildad, también espero por el propósito Divino de Dios, porque estoy en el momento de transformación Espiritual.

La Palabra determina, que hablemos menos y hagamos más y si hablamos es con la inteligencia Divina, no caigamos para el mediocre en ridículo, no dejemos a Dios en mal, ni la iglesia, mucho menos la Palabra, por querer aparentar lo que no somos, cuando en nuestro corazón no esta preparado, no usemos la Palabra de Dios en vano, ni en beneficio propio, dejamos mal parado a Dios delante del mundo ignorante, y daremos cuenta más temprano que tarde, no seamos hipócritas, no tratemos de escondernos en la Palabra y en sus Santas Escrituras, si no estemos preparados, es mejor pedir discernimiento a Dios.

No salgamos a la calle a predicar cuando no estas preparado, cuando tu Maestro, Pastor o Apóstol no lo vean pertinente que estas verdaderamente preparado, es manifestación de Dios, que prediques al mundo, si no estas lo suficientemente capacitado o verdaderamente dispuesto, no sabes tu a lo que te puedas enfrentar, no sabes si se serás atacado por la presencia oscura y no sepas como encararlo, no Ministres cuando no has sido llamado para Ministrar, no Profetices, a quien no sabes que vas a Profetizar, mucho menos cuando aun no has sido llamado, ni preparado para Profetizar, no te desvíes de tus Maestros Espirituales, no quieras aprender más del Maestro, pide consejo, se obediente a ellos.

El mundo no esta plenamente preparado para escuchar la Palabra de Dios, la Palabra de Dios es muy profunda, por que sepas unos versículos al caletre, no quiere decir que ya sabes Ministrar la Palabra de Dios, debes ser llamado y escogido por Dios, para que seas un Profeta, un Evangelista, Maestro, Pastor un Apóstol, con conocimiento amplio de la Palabra de lo que ello significa.

No pierdas el tiempo dándole perlas a los cerdos, ese tiempo determínalo en Orar, en pedir a Dios, sabiduría, inteligencia y discernimiento, para aprender más, Dios, no nos libera de los pecados a quien va solo, según a predicar la Palabra a una Plaza o al encuentro de cualquier aglomeración de personas.

La maldad del mundo se debe combatir, con mucha sabiduría e inteligencia, antes de Ministrar la Palabra en cualquier lugar edúcate, instrúyete, lee, estudia, pide apoyo, aprende de tus Maestros, la Palabra es Profecía de Dios, no cualquiera Profetiza la Palabra de Dios, lo que de tu boca sale, pueda que te perjudique, guárdate el momento de Dios es perfecto, y el te dará sabiduría y discernimiento cuando lo sepas pedir, ten paciencia, es parte del proceso y yo estoy en ese proceso, por eso se trata de "FE".

Hoy día hay un sin fin de innumerables iglesias que predican la Palabra de Dios, ya muchos deciden tener un rebaño y ser Apóstoles y Pastores, Ministrar una congregación de la noche a la mañana, con el objetivo tal vez sea de confundir, por lo que muchos no están suficientemente preparados para Ministrar, se han vueltos en contra de sus guías Espirituales, hasta se rebelan en contra de ellos, dividiendo las iglesias, hablando mal de los Ministros y Hermanos, abunda la envidia e hipocresía.

A donde queremos llegar, con esto lo que hacemos es llevar a nuestra congregación al desfiladero, no hermanos, "Jesús dijo en unas de sus parábolas, si tu ojo derecho esta torcido, sácalo no vaya hacer que contamine, tus demás extremidades", entiendo amados que desde la creación del mundo, el hombre hemos sido, desobedientes, desleales, deshonestos, hipócritas, avariciosos, codiciosos, envidiosos y precisamente por eso a luchado Dios en todos estos siglos ya fuera para que la congregación Cristiana, fuese mucho más grande y amplia a Nivel Mundial.

Pero con nuestros actos tan detestable, y siendo aun más detestables para aquellos que tienen años según en el conocimiento de la Palabra, con estos actos y omisiones, señores déjenme decirles, por el tiempo que tiene según en el conocimiento de la Palabra, Dios no ha obrado en ustedes, porque como muy bien lo dijo Dios, todavía hay mucha maldad en el corazón del hombre, la Palabra de Dios es entendida para aquel que quiere ser diferente de verdad de corazón, se aparta de las injurias, lo más recomendables es ser como les dije honestos.

Si no nos gusta como Ministra este o aquel, pide discernimiento a Dios y sabiduría, el sabrá que decirte o encaminarte, cuando sientas algo de alguien tómalo de la mano y háblale con sinceridad, ¡eso se llama valor!, no siembres cizaña en tu corazón, ¡es honestidad!, con nuestros actos solo causamos daño.

Las iglesias se usaron para la congregación de personas, para masas, para unir, para trasmitir y difundir el evangelio, para la edificación de la casa de Dios, para curar, sanar a los enfermos, salvar almas, rescatar almas perdidas, para la restauración y vivificación del alimento del sustento, el avivamiento de la Palabra de Dios, mediante sus Apóstoles, que emplearon la escritura como medio y conocimiento de lo maravilloso de Dios y sus Milagros.

Dios esta cansado de personas deshonestas, de personas con maldad en el corazón, que viven con el corazón contrito, más aun personas que tienen entendimiento de la Palabra de Dios, con este tipo de personas quiere decir que no se tiene el sumo conocimiento de lo empleado por Dios, no engañamos a Dios, nos engañamos nosotros mismos, hagamos un retiro Espiritual solos, donde solo estés tu con Dios y manifestémosle con sinceridad todas las cosas que te aquejan, hazlo, has que sientas que tu corazón esta completamente sano,

No contamines, ni te contamines, deja que cada quien sea como quiera, solo sigamos el camino de Dios como el quiere, no te apartes, sigue el camino por muy tormentoso que sea, es el propósito y vendrán pruebas, recuerda una mente de Cristo Jesús, el mismo duro 40 días y 40 noches, siendo tentado por el Diablo, si somos la imagen y semejanza de Dios, también tenemos la mente del Maestro y del Sumo Sacerdote Cristo Jesús, podemos superar cualquier prueba.

Vamos a guardarnos, instruirnos, a nutrirnos para aplicar el conocimiento, de Palabra, llegara el momento, sigamos en la obediencia, busquemos la manera de ganar personas que están allá afuera, viviendo y sufriendo porque no tienen paz en sus corazones, rescatémoslas, busquemos la mejor manera de usarla la liberación, tenemos Palabra, se que muchos Maestros están en ese trabajo día a día y esperan de verdad por el apoyo de sus alumnos, que seamos porta voz de la Palabra y del contacto para con Dios.

Usemos los medios, estos mismos medios que creo el hombre, vamos a usarlos, seamos la contraparte de aquellos que usan los medios para otros fines, las iglesias pueden usar los medios de tecnología para sumar más personas, para atraer, engranar, ser un bloque solido, usemos la internet, sus paginas, las pantallas de televisión, para programas culturales y educativos, las estaciones de radio, para alabanzas, medios impresos, programas edificantes, escuelas, institutos de enseñanzas, en fin tanto medios que esta usando el hombre, gracias a nuestro peor enemigo, para el desequilibrio del mundo, de nuestros hijos, de nuestros jóvenes.

Yo se que las Iglesias tienen ese inmenso poder porque dentro de sus congregaciones tienen muchas personas preparadas para ejercer esa labor del rescate de almas, solo un poco más de empeño y usando una mejor estrategia para que más personas se acerquen a las Iglesias, el llamado esta hace mucho tiempo, solo los encargados del avivamiento para las personas que se encuentran en el mundo y se encuentran aun dentro de las iglesias inseguras de si mismas, otros, no se les ha inyectado la Palabra.

Sienten miedo de apartarse del mundo, de dejar al mundo, de dejar de ser como eran, por temor y miedo, no saben a que se van a enfrentar, porque es más fácil estar donde están que prepararse un camino con esfuerzo, dedicación, un estimulo al Espíritu, son muy pocas las personas que deciden tomar este paso con determinación, sin tantos sobre saltos, están decididas a cambiar el modelo viejo de vida, por uno nuevo, refrescante, se deciden salir adelante, sin importarles los prejuicios, señalamientos o cuestionamientos, porque en fin es para su propio bienestar.

Amigos, nosotros los seres humanos tendemos a seguir siempre lo más fácil, de hecho me atrevería a decirlo, somos de manera conformista, nos conformamos con tampoco, no logrando que Dios, nos de más de lo que queremos y más de lo que merecemos, nos de ese alimento y sustento, solo nos pide la única condición de ser obedientes a sus Palabras.

Sus mandamientos, sus decisiones judiciales, sus estatutos, sujetarnos a preceptos, todo esta escrito en las Sagradas Escritura, allí esta la Ley de vida, allí esta todo el conocimiento del ser de la Humanidad, no hay otro Libro del Conocimiento, si no las Sagradas Escrituras, no busquemos en otra parte, ahí nos indica el Señor como debemos vivir con el para el, cumpliendo al pie de la letra, leer la Palabra, entenderla, buscar su significado, atado a la Palabra, tendremos una mejor visión para todo lo que deseemos emprender en la vida, sujetarnos a Dios y a la Palabra, no hay nada más maravilloso, que vivir para Dios, ahí esta el éxito de la vida, vivimos tranquilos, sin quejas, sin angustias, sin problemas que no podamos resolver, porque tenemos, la plena seguridad, la confianza, que Dios Todopoderoso, esta y estará siempre con nosotros, recuerden "Solo se trata de Fe".

**EXODO 20:6** "*Pero me muestro favorable hasta mil generaciones con los que me aman y observan mis mandamientos*".

La Paz de Dios este con todos ustedes.

El Autor
Agosto 2020.

Printed by Books on Demand GmbH, Norderstedt / Germany